CHOISISSEZ L'ORIGINAL

TESTS de la ROUTE ROUSSEAU

A

160 questions

type examen

soit 4 séries de 40 questions.

CODES ROUSSEAU

Le meilleur de la pédagogie

PRÉSENTATION

Chaque test comporte 40 questions.
Lors de l'examen officiel du permis de conduire,
il faut au moins 35 bonnes réponses pour être reçu.

Chaque question comporte :

SÉRIE 1 — La sécurité du passager et du véhicule (S)

Le thème de la question.

Une photo représentant une situation de conduite (parfois une illustration).

7

L'installation d'un siège bébé dos à la route est possible :

- à l'arrière du véhicule — OUI — A / NON — B
- à l'avant du véhicule — OUI — C / NON — D

Une question, des propositions de réponse.

Le conducteur est responsable de l'installation des jeunes passagers.

Conseil pour répondre.

CODES ROUSSEAU

14

UTILISATION

Ces tests peuvent s'utiliser pendant l'apprentissage, et en fin de formation pour contrôler ses connaissances.

Pour RÉPONDRE :

- **Regardez l'ensemble de la situation,** en particulier les panneaux, les marquages au sol, et les rétroviseurs.
- **Lisez attentivement le texte** de la question, car chaque mot compte.
- **Cochez** la ou les cases correspondant aux propositions de réponse qui vous paraissent justes.
- **Répondez en cochant les cases** prévues en face des propositions exactes.
- **Certaines questions sont sous forme de vidéos** utilisez votre smartphone pour visionner la question, en scannant le QR Code associé.

Téléchargez* gratuitement
l'application de scan QR Code de votre choix sur Apple Store ou sur Androïd Market.

Lancez l'application et scannez le code.

La vidéo s'affiche sur votre téléphone !

** Vérifiez auprès de votre opérateur votre forfait Internet mobile.*

CONSIGNES

Vous devez vous considérer comme le conducteur de la voiture d'où a été prise la photo.

Pour répondre aux questions, vous êtes considéré comme un conducteur expérimenté après la période probatoire du permis.

Vous roulez à allure normale, proche de la vitesse maximale autorisée.

Pour les questions relatives au dépassement, il est convenu que votre vitesse et les possibilités d'accélération de votre voiture permettent d'effectuer la manœuvre rapidement.

Attention !
Il y a toujours au moins une proposition de réponse exacte par question.

Pour CORRIGER :

- **Comparez** vos réponses à la grille de correction qui figure juste après la dernière question de chaque test.
- **Les réponses incomplètes** ou comportant une erreur sont considérées comme fausses.
- **Si vous avez plusieurs erreurs** dans un même thème, reportez-vous au chapitre correspondant dans votre Code Rousseau.

N° de la question → Q

Thème de la question : → Th

Q	Th	R
1	C	A
2	D	B
3	L	BC
4	U	A
5	C	B
6	P	AC
7	S	AC

- **L** LA CIRCULATION ROUTIÈRE
- **C** LE CONDUCTEUR
- **R** LA ROUTE
- **U** LES AUTRES USAGERS
- **D** LES NOTIONS DIVERSES
- **A** LES PREMIERS SECOURS
- **P** PRENDRE ET QUITTER SON VÉHICULE
- **M** LA MÉCANIQUE ET LES ÉQUIPEMENTS
- **S** LA SÉCURITÉ DU PASSAGER ET DU VÉHICULE
- **E** L'ENVIRONNEMENT

SÉRIE 1

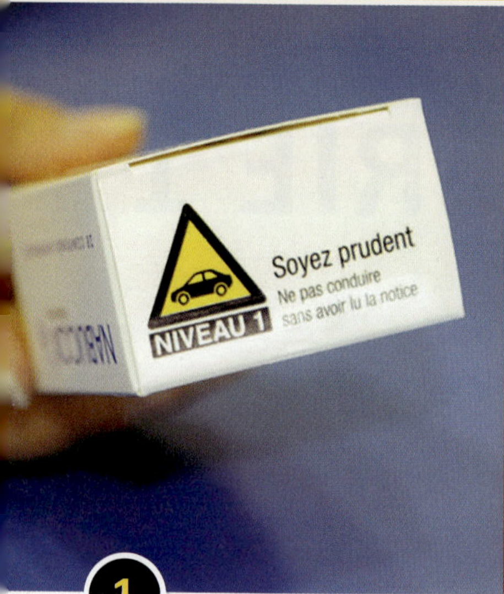

1

L'alcool risque d'accentuer les effets des médicaments :

OUI —— A ☐

NON —— B ☐

L'alcool perturbe l'action de certains médicaments et inversement certains médicaments amplifient les effets de l'alcool.

CODES ROUSSEAU

2

Ne pas s'arrêter à un contrôle, c'est commettre :

- un délit de fuite
  - OUI — A
  - NON — B
- un refus d'obtempérer
  - OUI — C
  - NON — D

Obtempérer signifie obéir à un ordre, se soumettre à une injonction.

CODES ROUSSEAU

3

Stationner en marche avant :

- facilite la manœuvre à l'arrivée

OUI —— A ☐

NON —— B ☐

- augmente le risque lors du départ

OUI —— C ☐

NON —— D ☐

Faire le bon choix pour ne pas surprendre et ne pas être surpris.

CODES ROUSSEAU

4

Le conducteur de la voiture rouge à fait le bon choix en ralentissant et en ne klaxonnant pas :

OUI —————— A ☐

NON —————— B ☐

En agglomération, le klaxon ne doit être utilisé que s'il est nécessaire pour éviter un accident.

CODES ROUSSEAU

5

Une distance de sécurité correcte est égale au minimum à :

- 1 seconde —— A ☐
- 2 secondes —— B ☐

Le temps de dire « un aller-retour, deux allers-retours ».

CODES ROUSSEAU

6

Avant de monter dans la voiture, il faut vérifier l'espace libre :

- à l'avant	OUI ———	A ☐
	NON ———	B ☐
- à l'arrière	OUI ———	C ☐
	NON ———	D ☐

Depuis le poste de conduite, certains obstacles ne sont pas ou peu visibles.

CODES ROUSSEAU

7

L'installation d'un siège bébé dos à la route est possible :

- à l'arrière du véhicule — OUI — A ☐
  NON — B ☐
- à l'avant du véhicule — OUI — C ☐
  NON — D ☐

La position dos à la route est la position la plus sûre pour un bébé en cas de choc.

8

Le 1er contrôle technique d'une voiture neuve se fait dans les 6 mois précédant :

- la deuxième année —— A ☐
- la quatrième année —— B ☐
- la sixième année —— C ☐

Le contrôle technique permet d'éviter la circulation des véhicules trop polluants et ceux dont l'état ne garantit pas la sécurité.

CODES ROUSSEAU

SÉRIE 1

Le conducteur

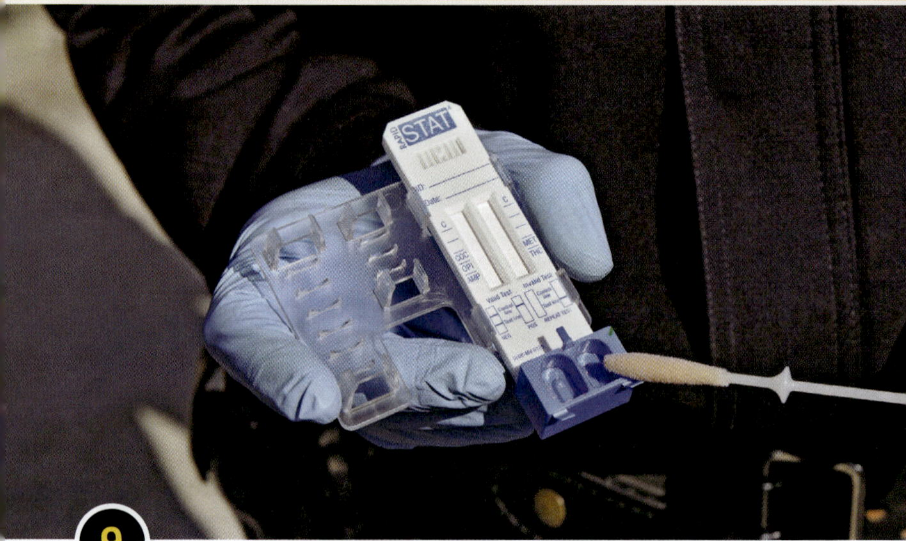

9

Un conducteur positif au cannabis encourt :

- un retrait de 6 points	OUI	A ☐
	NON	B ☐
- une suspension de permis	OUI	C ☐
	NON	D ☐

Ce conducteur commet un délit, il encourt les mêmes peines que pour la conduite avec une alcoolémie égale ou supérieure à 0,80 g/l de sang.

CODES ROUSSEAU

10

Je suis la voiture blanche :

OUI — A ☐

NON — B ☐

Prendre les informations pour choisir le bon comportement.

11

Dépasser présente un risque :

OUI —— A ☐

NON —— B ☐

Ce bus comme tous les véhicules encombrants masque la visibilité, je dois prévoir l'apparition éventuelle d'un obstacle ou d'un usager.

12

En cas de freinage brutal, ces objets posés sur la plage arrière :

- risquent de devenir des projectiles dangereux — A ☐
- sont inoffensifs ———————————— B ☐
- sont toujours arrêtés par les appuie-tête ——— C ☐

Lors d'un freinage brutal, tous les objets non fixés vont continuer à se déplacer à la même vitesse qu'avant.

CODES ROUSSEAU

13

En cas d'accident corporel sous l'emprise du cannabis, l'assureur :

- indemnise les victimes

OUI ——— A ☐

NON ——— B ☐

- se retourne contre le responsable

OUI ——— C ☐

NON ——— D ☐

L'assurance obligatoire permet d'indemniser tous les dommages causés aux autres.

CODES ROUSSEAU

SÉRIE 1

L'environnement E

14

Rouler à cette allure durant 100 km :

- permet d'économiser du carburant

OUI ——— A ☐

NON ——— B ☐

- fait perdre environ

14 mn ——— C ☐

4 mn ——— D ☐

Abaisser sa vitesse a des effets bénéfiques tant sur l'environnement que sur la sécurité.

CODES ROUSSEAU

15

Ce conducteur a raison :

- de circuler près du trottoir

OUI —— A ☐
NON —— B ☐

- de circuler feux allumés

OUI —— C ☐
NON —— D ☐

La conduite doit être modifiée par temps de pluie : allure, utilisation des accessoires, cohabitation avec les autres usagers.

CODES ROUSSEAU

16

Le déploiement de l'airbag risque d'occasionner de graves blessures si je suis installé trop près du volant :

OUI ——— A ☐

NON ——— B ☐

Un airbag se déploie en quelques millisecondes à une vitesse d'environ 300 km/h.

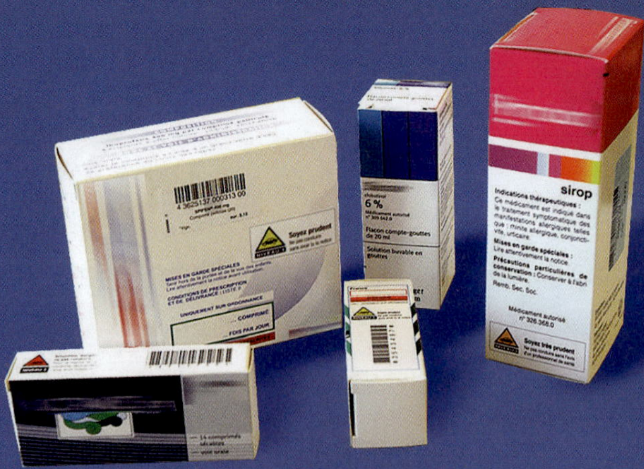

17

Seuls les médicaments comportant un pictogramme rouge ou orange ont des effets néfastes sur la conduite :

OUI — A ☐

NON — B ☐

La simple présence du pictogramme sur la boîte du médicament indique qu'il peut présenter des risques pour la conduite.

18

Cet enfant crée une zone d'incertitude :

OUI ——— A ☐

NON ——— B ☐

Je place le pied face au frein :

OUI ——— C ☐

NON ——— D ☐

La zone d'incertitude est l'espace dans lequel pourra se trouver un usager dans les prochaines secondes.

19

Certains régulateurs de vitesse aident au maintien des espaces de sécurité avant :

OUI ———— A ☐

NON ———— B ☐

Il existe des régulateurs dits adaptatifs.

CODES ROUSSEAU

20

La principale cause d'éclatement d'un pneu est :

- l'usure —— A
- le surgonflage —— B
- le sous-gonflage —— C

L'éclatement intervient souvent à cause d'un échauffement du pneumatique lié à une déformation anormale.

21

Lors d'un long trajet, je fais une pause :

- au moins toutes les heures —— A ☐
- au moins toutes les 2 heures —— B ☐
- au moins toutes les 4 heures —— C ☐

...et plus souvent si vous en ressentez le besoin.

CODES ROUSSEAU

22

Ce panneau indique que la vitesse est contrôlée durant la traversée du chantier :

OUI ———————— A ☐

NON ———————— B ☐

"Derrière chaque chantier, il y a quelqu'un qui travaille. Respecter les règles, c'est respecter sa vie".

23

Le marquage au sol est :

- temporaire — A
- permanent — B

Lorsque le marquage jaune est permanent, il indique une interdiction de stationner et/ou de s'arrêter.

24

Je dépasse —— A ☐

ou

j'attends pour dépasser —— B ☐

Avant de dépasser, je dois prendre en compte la signalisation mais également tout l'environnement.

CODES ROUSSEAU

SÉRIE 1

Le conducteur

25

Je fais un appel lumineux —— A

Je fais clignoter les feux STOP —— B

Je mets le rétroviseur en position nuit —— C

Il y a plusieurs façons de prévenir l'usager de derrière, par exemple il est possible de passer plusieurs fois la main sur le rétroviseur intérieur.

26

Durant la période probatoire, je suis un stage de sécurité routière si je commets une infraction entraînant un retrait de :

- 1 point —— A ☐
- 2 points —— B ☐
- 3 points —— C ☐
- 4 points —— D ☐

Le barème de point varie selon la gravité de l'infraction.

CODES ROUSSEAU

27

Avant de sortir du véhicule, je contrôle le rétroviseur :

- intérieur OUI ——— A ☐
  NON ——— B ☐
- extérieur OUI ——— C ☐
  NON ——— D ☐

Quitter son véhicule n'est pas sans risque, je ne dois pas surprendre les usagers qui circulent sur la chaussée ni ceux qui se trouvent sur le trottoir quand je suis passager.

28

Ce cadran indique la vitesse du moteur :

OUI ——— A ☐

NON ——— B ☐

C'est une aide utile à l'écoconduite :

OUI ——— C ☐

NON ——— D ☐

Pour conduire économiquement, il est recommandé d'être entre 1 500 et 2 000 tours/minute pour un moteur diesel et entre 2 000 et 2 500 tours/minute pour un véhicule essence.

29

J'allume les feux de détresse :

OUI ——— A ☐

NON ——— B ☐

Les feux de détresse permettent d'alerter les autres usagers d'un danger immédiat.

CODES ROUSSEAU

30

J'ajoute du liquide lave-glace :

- en A ——— A ☐
- en B ——— B ☐
- en C ——— C ☐

Le dessin est similaire à celui présent sur la commande intérieure.

CODES ROUSSEAU

31

Je porte plus d'attention au piéton :

A ☐

B ☐

Les ouvriers sont occupés et ne peuvent pas consacrer toute leur attention à la circulation.

32

Je m'engage :

OUI ——— A ☐

NON ——— B ☐

Si la distance entre 2 véhicules est constante c'est qu'ils roulent à la même allure.

33

En bluetooth ou tenu en main, l'usage du téléphone est dangereux en conduite :

OUI ——— A ☐

NON ——— B ☐

Les études ont prouvé que le téléphone est un distracteur.

34

Déplacer un blessé est interdit quel que soit le cas :

OUI ——— A ☐

NON ——— B ☐

Lorsque la victime ne peut se soustraire à un danger réel, immédiat et non contrôlable, un dégagement d'urgence peut être réalisé.

CODES ROUSSEAU

35

L'A.F.U. (Aide au Freinage d'Urgence) permet :
- de renforcer le freinage en cas d'urgence——— A ☐
- de freiner à la place du conducteur ——— B ☐
- d'améliorer la tenue de route ——— C ☐

L'AFU permet au conducteur d'atteindre instantanément la pression de freinage maximale.

CODES ROUSSEAU

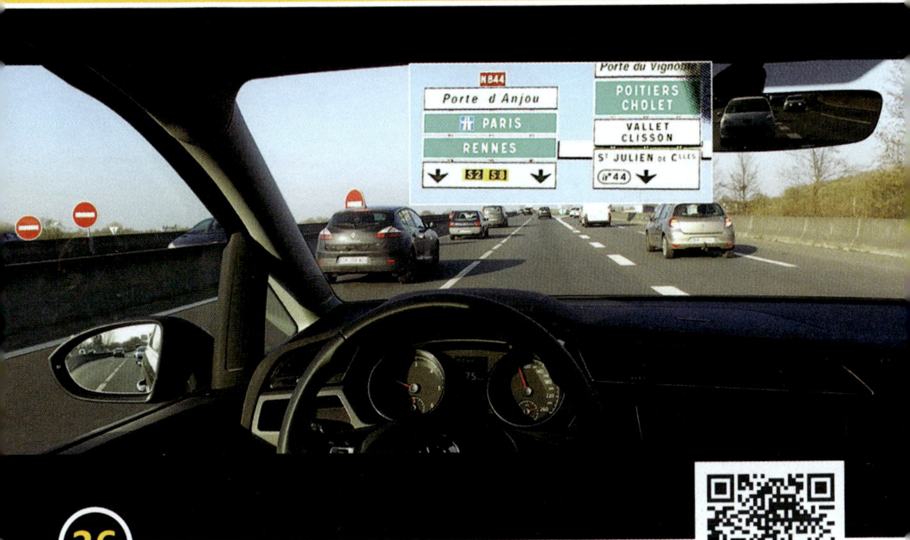

36

Je suis bien placé pour aller à PARIS :

OUI ——— A

NON ——— B

Je suis bien placé pour aller à CHOLET :

OUI ——— C

NON ——— D

1 flèche = 1 voie

37

Rouler à 80 km/h, c'est parcourir environ :

- 15 m/s —— A ☐
- 22 m/s —— B ☐
- 35 m/s —— C ☐
- 45 m/s —— D ☐

Un calcul simple : prendre le chiffre des dizaines et le multiplier par 3.

CODES ROUSSEAU

38

Conduire les vitres ouvertes entraîne une surconsommation importante de carburant :

- en ville

OUI ——— A ☐

NON ——— B ☐

- sur autoroute

OUI ——— C ☐

NON ——— D ☐

Climatisation ou ouverture des vitres : un choix à faire en fonction de la vitesse à laquelle on circule.

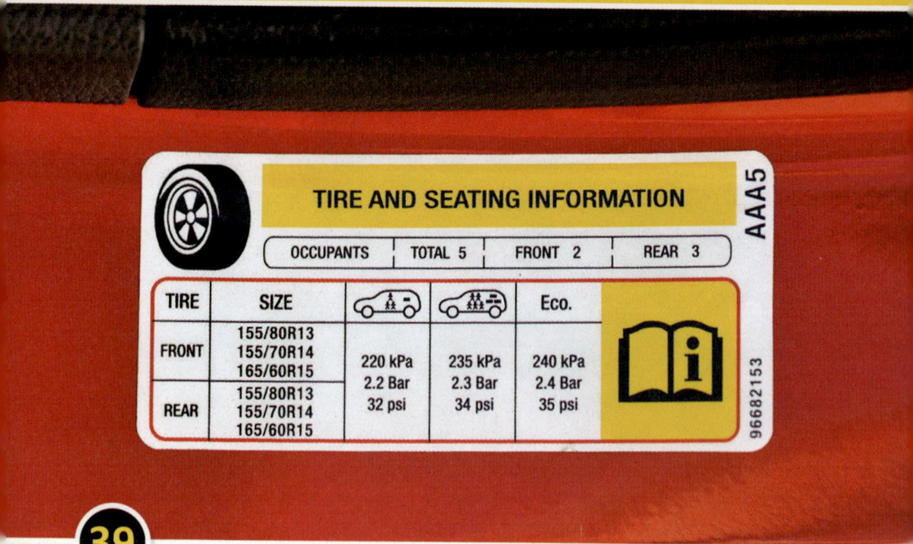

39

Cette indication présente dans tous les véhicules donne des renseignements sur :

- l'installation de la roue de secours —— A ☐
- la pression des pneus —— B ☐
- le chargement du coffre —— C ☐

Le bar, tout comme le pascal, est une unité de mesure de la pression.

40

Dans cette rue, je roule :

- en feux de route —— A
- en feux de croisement —— B
- avec les seuls feux diurnes —— C

Si la chaussée est éclairée…

SÉRIE 1

Grille de correction

Q	Th	R
1	C	A
2	D	BC
3	L	BC
4	U	A
5	C	B
6	P	AC
7	S	AC
8	M	B
9	C	AC
10	L	B
11	U	A
12	D	A
13	C	AC
14	E	AD
15	R	BC
16	P	A
17	C	B
18	U	AC
19	S	A
20	M	C

Q	Th	R
21	C	B
22	R	A
23	L	A
24	U	B
25	C	BC
26	D	CD
27	P	AC
28	E	AC
29	C	A
30	M	A
31	U	A
32	R	A
33	C	A
34	A	B
35	S	A
36	L	AD
37	C	B
38	E	BC
39	M	B
40	R	B

CODES ROUSSEAU

SÉRIE 2

1

Le conducteur du camion me voit :

OUI ———— A ☐

NON ———— B ☐

Je circule en sécurité :

OUI ———— C ☐

NON ———— D ☐

Je ne vois pas les rétroviseurs de ce camion…

CODES ROUSSEAU

2

Perdre tous les points lors de la période probatoire équivaut à un permis invalidé :

OUI —— A ☐
NON —— B ☐

Annulation du permis = peine prononcée par un juge.
Invalidation = mesure administrative.

3

Je règle le disque sur l'heure d'arrivée :

OUI — A

NON — B

Le stationnement est payant :

OUI — C

NON — D

La durée maximale du stationnement est différente d'une zone à une autre, d'une ville à une autre.

CODES ROUSSEAU

4

Ces piétons ont raison de marcher de ce côté :

OUI ——— A ☐

NON ——— B ☐

Dans cette situation, les piétons doivent circuler de manière à être face aux véhicules de façon à les voir arriver.

CODES ROUSSEAU

5

J'ai pris la bonne décision :

OUI — A

NON — B

En sortant d'un stationnement, les conducteurs n'ont que très peu de visibilité.

CODES ROUSSEAU

6

Je suis en retard, je pars immédiatement :

OUI — A ☐

NON — B ☐

De toute façon, je suis déjà en retard...

CODES ROUSSEAU

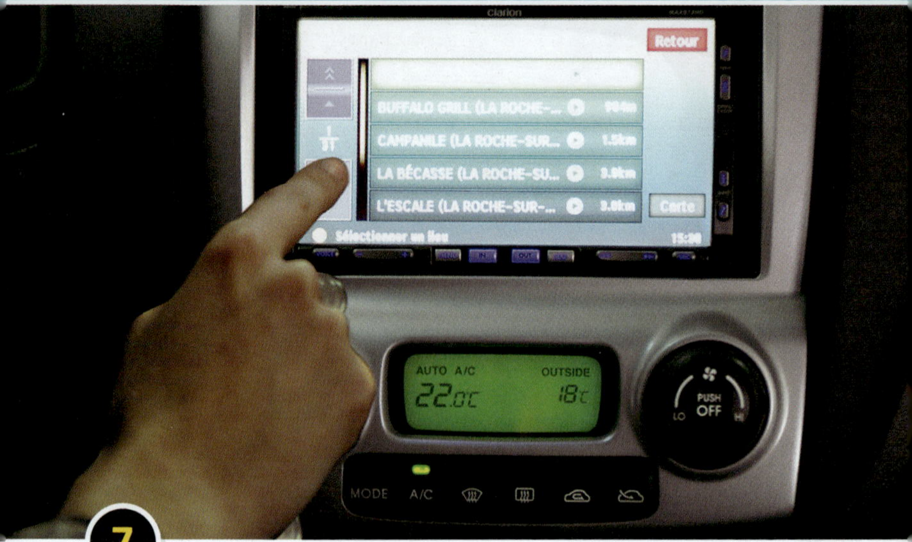

7

Je vais suivre un itinéraire, je programme mon GPS avant de démarrer :

OUI —— A ☐

NON —— B ☐

Le GPS est une aide à la conduite… s'il est correctement utilisé.

CODES ROUSSEAU

8

Ce témoin vient de s'allumer :

- je continue —— A ☐
- je m'arrête sur les zébrures à droite —— B ☐

Lorsqu'il s'allume, j'ai encore une autonomie d'environ 50 km.

CODES ROUSSEAU

9

Je suis à plus de 2 secondes de ce véhicule :

OUI ———— A ☐

NON ———— B ☐

Sur autoroute, je peux prendre comme repères les lignes de la bande d'arrêt d'urgence.

CODES ROUSSEAU

10

Je continue le dépassement :

OUI —— A ☐

NON —— B ☐

Pour pouvoir continuer mon dépassement, je dois avoir la possibilité de reprendre ma place à droite.

CODES ROUSSEAU

11

Je freine fort :

OUI ——— A ☐

NON ——— B ☐

Je m'écarte :

OUI ——— C ☐

NON ——— D ☐

Je dois tenir compte de l'ensemble de la situation.

CODES ROUSSEAU

12

La boîte automatique :

- libère en partie le conducteur de contraintes techniques

OUI ——— A ☐

NON ——— B ☐

- est adaptée à la conduite en ville

OUI ——— C ☐

NON ——— D ☐

Avec une boîte de vitesses automatique, un mécanisme monte et rétrograde les vitesses à la place du conducteur.

CODES ROUSSEAU

13

L'absence de clignotants dans un carrefour à sens giratoire est source d'accident :

- OUI — A ☐
- NON — B ☐

Le clignotant est un des rares moyens de communication dont dispose les conducteurs.

CODES ROUSSEAU

14

Les parcs-relais facilitent l'accès aux transports en commun :

OUI —— A ☐

NON —— B ☐

Généralement, le stationnement est gratuit :

OUI —— C ☐

NON —— D ☐

Les parcs-relais sont prévus pour faciliter l'intermodalité et désengorger les centres-villes.

15

Il n'y a pas d'ouvriers sur ce chantier, ma vitesse est adaptée :

OUI ——— A ☐

NON ——— B ☐

Je peux rouler à la vitesse maximale quand les conditions sont optimales.

CODES ROUSSEAU

16

Le moteur est coupé, la conductrice descend immédiatement du véhicule :

OUI —— A ☐

NON —— B ☐

Prendre les informations pour ne pas surprendre les autres usagers.

CODES ROUSSEAU

17

Je fais un appel lumineux et je dépasse —— A ☐

Je renonce au dépassement —— B ☐

Je ne peux pas voir ni savoir ce que regarde le conducteur du véhicule situé sur ma gauche.

18

Cet ouvrier crée une zone d'incertitude :

OUI ——— A ☐

NON ——— B ☐

Je m'écarte :

OUI ——— C ☐

NON ——— D ☐

Cet ouvrier peut reculer à tout moment.

CODES ROUSSEAU

19

L' A.F.U. (Aide au Freinage d'Urgence) est obligatoirement liée à la présence d'un système d'anti-blocage de roues :

OUI ——— A ☐

NON ——— B ☐

L'AFU permet d'amplifier le freinage à la limite du blocage des roues.

CODES ROUSSEAU

20

Il faut généralement changer les essuie-glaces :

- une fois par mois ——— A ☐
- une fois par an ——— B ☐
- tous les 3 ans ——— C ☐

Les lamelles des essuie-glaces sont en caoutchouc et subissent les changements de température importants.

CODES ROUSSEAU

21

Le clignotant gauche est allumé, je change de voie :

OUI — A ☐

NON — B ☐

Mettre un clignotant ne donne pas la priorité.

CODES ROUSSEAU

22

J'augmente la distance de sécurité :

OUI — A ☐

NON — B ☐

Distance de sécurité = 2 secondes minimum.

23

L'application stricte de la priorité à droite permet de franchir aisément cette intersection :

OUI — A

NON — B

Dans cette situation, si on applique strictement la règle, tous les véhicules vont s'engager simultanément.

24

Pour tourner à droite, je passe :

- devant le cycliste —————— A ☐
- derrière le cycliste —————— B ☐

Lorsqu'il existe une voie réservée pour les bus ou pour les cyclistes, je dois céder le passage aux véhicules qui y circulent.

25

Je porte une attention particulière au véhicule :

A —— A ☐

B —— B ☐

C —— C ☐

Si je ne vois pas un conducteur,
lui non plus ne me voit pas.

CODES ROUSSEAU

26

Cette installation présente un risque :

OUI ——— A ☐

NON ——— B ☐

Un airbag se déploie à une vitesse d'environ 300 km/h.

CODES ROUSSEAU

27

Cette conductrice est bien installée :

OUI ——— A ☐

NON ——— B ☐

Une bonne position de conduite permet notamment de limiter la fatigue et d'avoir une bonne vision vers l'avant et sur les côtés.

CODES ROUSSEAU

28

Rouler en dessous des vitesses maximales autorisées permet :

- d'économiser du carburant —— A ☐
- d'être moins stressé —— B ☐
- de moins polluer —— C ☐
- de moins observer la circulation —— D ☐

Lors des pics de pollution, les vitesses maximales peuvent être abaissées.

CODES ROUSSEAU

29

Je surveille plus particulièrement :

- l'indice A ———— A ☐
- l'indice B ———— B ☐
- l'indice C ———— C ☐
- l'indice D ———— D ☐

Anticiper, c'est prévoir ce qu'il va se passer dans les prochaines secondes.

30

Les feux de croisement éclairent davantage à droite qu'à gauche :

OUI ——— A ☐

NON ——— B ☐

Le réglage des feux en hauteur est prévu de façon à, à la fois limiter l'éblouissement, mais également conserver une bonne visibilité sur l'accotement.

CODES ROUSSEAU

31

J'allume le clignotant :

OUI — A

NON — B

Je dépasse :

OUI — C

NON — D

Je dois conserver un espace de sécurité d'au moins 1,50 m avec tous les usagers vulnérables.

CODES ROUSSEAU

32

Je dépasse et je prends la prochaine sortie :

OUI — A ☐

NON — B ☐

La ligne de dissuasion n'a pas la même signification selon qu'elle se trouve sur une route à double sens ou sur une route à sens unique.

CODES ROUSSEAU

33

Je ralentis — A ☐
Je klaxonne — B ☐
Je fais un appel lumineux — C ☐

La nuit, la circulation est généralement moins dense, ce qui peut inciter à rouler plus vite et à être moins attentif.

CODES ROUSSEAU

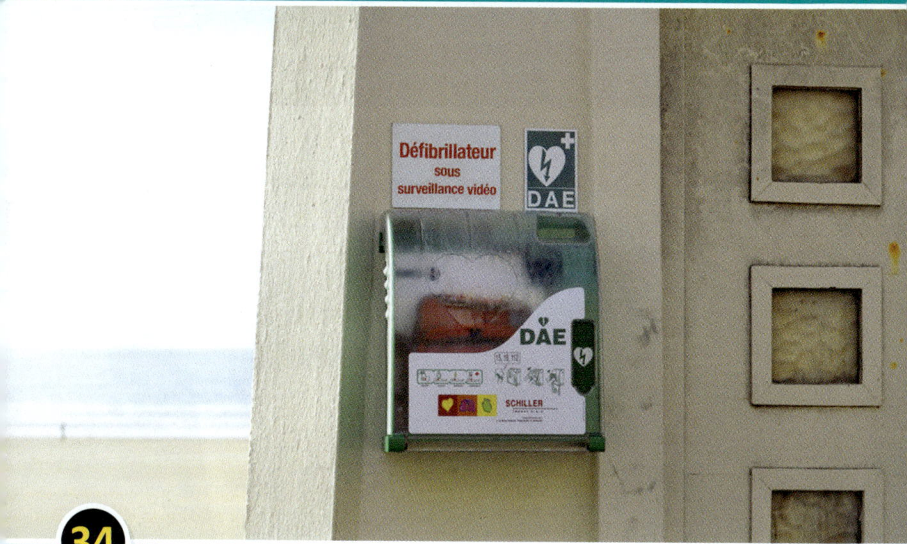

34

J'utilise un défibrillateur si la victime est inconsciente et :

- respire

OUI ———— A ☐

NON ———— B ☐

- ne respire plus

OUI ———— C ☐

NON ———— D ☐

La défibrillation permet de retrouver une activité cardiaque normale.

CODES ROUSSEAU

35

L'utilisation de la caméra de recul dispense :

- d'utiliser les rétroviseurs

OUI ——— A ☐

NON ——— B ☐

- de se retourner

OUI ——— C ☐

NON ——— D ☐

Les aides à la conduite ne remplacent pas le conducteur.

CODES ROUSSEAU

36

Pour stationner dans cette rue :

- je braque les roues contre le trottoir

OUI ——— A

NON ——— B

- j'engage la marche arrière

OUI ——— C

NON ——— D

Quelques précautions à prendre en cas de défaillances du frein de stationnement ou si un véhicule percute le nôtre.

CODES ROUSSEAU

37

La distance de sécurité est :

- suffisante —— A ☐
- insuffisante —— B ☐

Pour l'instant, la distance qui me sépare de la camionnette est d'environ 26 m.

38

Le STOP & START permet :

- de moins polluer

OUI —— A ☐

NON —— B ☐

- de moins consommer

OUI —— C ☐

NON —— D ☐

Ce système permet l'arrêt et le redémarrage automatique du moteur.

CODES ROUSSEAU

39

Le contrôle technique effectué avant la vente d'un véhicule est à la charge :

- de l'acheteur —— A ☐
- du vendeur —— B ☐

Il a moins de :

- 6 mois —— C ☐
- 1 an —— D ☐

Le contrôle technique est une sécurité pour l'acheteur.

CODES ROUSSEAU

40

Je cède le passage au camion :

OUI ——— A ☐

NON ——— B ☐

Je change de voie :

OUI ——— C ☐

NON ——— D ☐

À droite, il s'agit d'une voie réservée pour les véhicules lents, elle se termine dans 100 m.

SÉRIE 2 | Grille de correction

Q	Th	R
1	C	BD
2	D	A
3	L	AD
4	U	A
5	C	B
6	P	B
7	S	A
8	M	A
9	C	B
10	L	B
11	U	BD
12	D	AC
13	C	A
14	E	AC
15	R	B
16	P	B
17	C	B
18	U	AC
19	S	A
20	M	B

Q	Th	R
21	C	B
22	R	B
23	L	B
24	U	B
25	C	A
26	D	A
27	P	B
28	E	ABC
29	C	C
30	M	A
31	U	AD
32	R	B
33	C	AC
34	A	BC
35	S	BD
36	L	AC
37	C	B
38	E	AC
39	M	BC
40	R	BC

CODES ROUSSEAU

SÉRIE 3

1

Pour contacter un ami en conduisant :

- j'envoie un SMS

OUI —— A ☐

NON —— B ☐

- je téléphone rapidement

OUI —— C ☐

NON —— D ☐

Dans les deux cas, l'attention du conducteur se partage entre plusieurs activités, au détriment de son activité principale : la conduite.

CODES ROUSSEAU

2

Dans la 1ère année, un conducteur novice perd son permis dès la 1ère infraction en cas :

- d'alcoolémie positive —— A ☐
- de franchissement de ligne continue —— B ☐
- de délit de fuite —— C ☐

Pour ce qui est de l'alcool : en contravention ou en délit, la perte de points sera la même.

CODES ROUSSEAU

3

Je suis bien placé pour stationner :

OUI — A

NON — B

Pour savoir si je peux stationner, je dois tenir compte de la signalisation et de l'environnement.

4

En s'arrêtant, le conducteur de cette voiture a pris la bonne décision :

OUI ——— A ☐

NON ——— B ☐

Le feu tricolore est rouge.

5

Je laisse une distance de sécurité suffisante :

OUI — A

NON — B

La ligne à droite aide à l'évaluer :

OUI — C

NON — D

Différentes méthodes pour évaluer la distance de sécurité.

CODES ROUSSEAU

6

Cette installation est :

- autorisée

OUI —— A ☐
NON —— B ☐

- dangereuse

OUI —— C ☐
NON —— D ☐

En cas de choc, le corps est violemment projeté vers l'avant et l'airbag se déclenche.

CODES ROUSSEAU

7

L'E.S.P, ou stabilisateur électronique, permet :

- d'améliorer le freinage

OUI —— A

NON —— B

- d'améliorer la tenue de route

OUI —— C

NON —— D

E.S.P. : Programme Électronique pour la Stabilité

8

Le liquide lave-glace est utile :

- l'hiver

OUI ——— A ☐

NON ——— B ☐

- l'été

OUI ——— C ☐

NON ——— D ☐

Surveillez régulièrement le niveau du réservoir.

9

Les 3 principaux facteurs d'accidents mortels chez les 18/24 ans sont :

- l'alcool — A
- la vitesse — B
- la fatigue — C
- le manque d'entretien du véhicule — D

Les facteurs liés aux véhicules sont nettement moins importants que ceux liés au comportement des conducteurs.

CODES ROUSSEAU

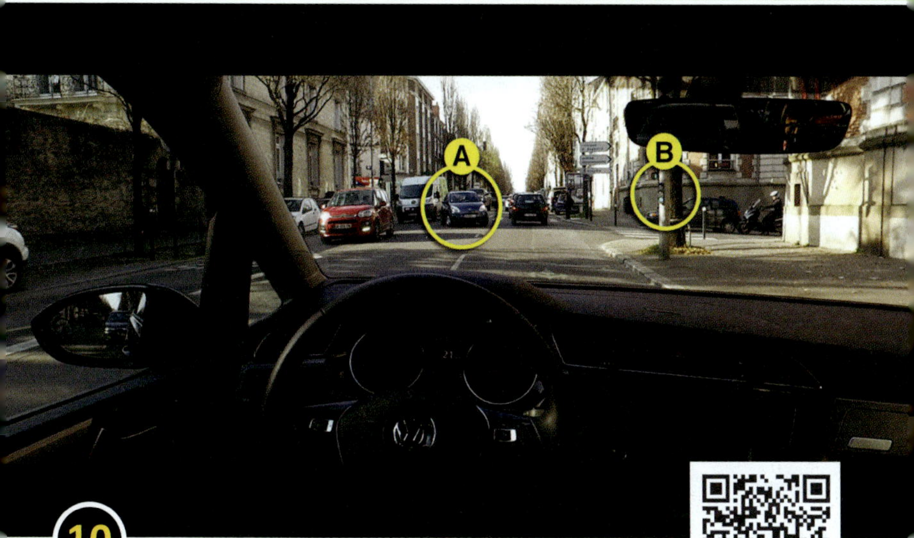

10

L'indice principal se trouve en zone :

A ☐

B ☐

Je mets le pied au-dessus du frein :

OUI ——— C ☐

NON ——— D ☐

Toujours s'assurer du respect des règles de priorité.

CODES ROUSSEAU

11

Je place le pied au dessus du frein :

OUI ——— A ☐

NON ——— B ☐

Je me déporte :

OUI ——— C ☐

NON ——— D ☐

La réaction d'un piéton, d'autant plus s'il est de dos, peut être imprévisible.

CODES ROUSSEAU

12

La réglementation autorise le dépassement d'un chargement :

- de plus de 1 mètre à l'avant

OUI ——— A ☐

NON ——— B ☐

- de plus de 3 mètres à l'arrière

OUI ——— C ☐

NON ——— D ☐

Il existe des règles concernant le dépassement du chargement.

CODES ROUSSEAU

13

L'expérience de la conduite permet de choisir les indices importants :

OUI ——— A ☐

NON ——— B ☐

Indice utile : ce qui peut modifier mon allure ou ma trajectoire.

CODES ROUSSEAU

14

Lors d'un départ à froid, la solution la moins polluante est :

- de faire chauffer le moteur à l'arrêt —— A ☐

ou

- de rouler en douceur sur 2 km —— B ☐

L'écoconduite est un principe de conduite qui a un impact significatif sur la consommation de carburant, l'environnement, ainsi que sur la sécurité.

CODES ROUSSEAU

15

Je dépasse ce véhicule par la droite :

OUI ——— A ☐

NON ——— B ☐

Les marquages au sol épais délimitent les voies réservées ; soit à certaines catégories d'usagers soit à des directions précises.

CODES ROUSSEAU

16

Une bonne installation permet :

- de manipuler facilement les commandes

OUI ———— A

NON ———— B

- de bien voir la route

OUI ———— C

NON ———— D

....Mais également de garantir la sécurité en cas de choc.

17

Ce panneau m'aide à évaluer la distance de sécurité :

OUI ——— A ☐

NON ——— B ☐

Je suis à plus de 2 secondes du véhicule devant moi :

OUI ——— C ☐

NON ——— D ☐

Pour estimer sa distance de sécurité,
soit on calcule soit on utilise un point de repère.

CODES ROUSSEAU

18

Je me place à côté du camion ——— A ☐

ou

je reste en retrait ——— B ☐

Le gabarit de ce véhicule peut obliger son conducteur à empiéter sur la voie de gauche du giratoire.

CODES ROUSSEAU

19

Ces enfants sont correctement attachés :

OUI ———— A ☐

NON ———— B ☐

Les enfants doivent être attachés au moyen d'un système homologué ou avec une ceinture de sécurité.

CODES ROUSSEAU

20

Ce voyant s'allume en circulation, il indique un manque de pression d'huile :

OUI —— A ☐
NON —— B ☐

Je m'arrête immédiatement :

OUI —— C ☐
NON —— D ☐

Les voyants rouges sont des témoins d'alerte.

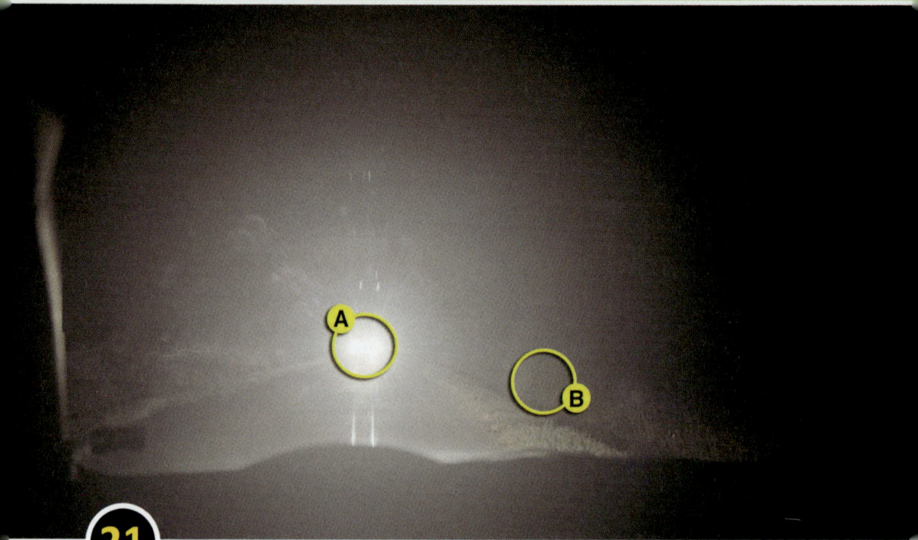

21

Lors de croisements la nuit, je m'oblige à diriger le regard vers la zone :

A ☐

B ☐

La luminosité des feux du véhicule rend encore plus difficile la détection d'un piéton ou d'un deux-roues par exemple.

CODES ROUSSEAU

22

Pour prendre la sortie 27, je me place à droite immédiatement :

OUI — A ☐

NON — B ☐

*Le panneau indiquant une sortie **avec** une voie réservée pour l'emprunter, n'est pas le même que celui **sans** une voie réservée.*

CODES ROUSSEAU

23

Je ralentis — A ☐

Je freine — B ☐

Je maintiens l'allure — C ☐

L'allure du véhicule noir est-elle nettement supérieure à la mienne ?

CODES ROUSSEAU

24

Heurté à 50 km/h par une voiture, les chances de survie d'un piéton sont de :

- 90 % ——— A ☐
- 50 % ——— B ☐
- 20 % ——— C ☐

Les limitations à 30 km/h ou 20 km/h se multiplient dans de nombreuses zones en agglomération.

CODES ROUSSEAU

25

Ce dispositif est autorisé en conduisant :

OUI ——— A ☐

NON ——— B ☐

Les oreillettes et casques privent le conducteur de nombreuses informations.

CODES ROUSSEAU

26

Dans un coffre de toit, je place en priorité les objets les plus lourds :

OUI ———— A ☐

NON ———— B ☐

Les objets lourds sur le toit élèvent le centre de gravité du véhicule.

CODES ROUSSEAU

27

Pour être bien installé, il est possible de régler le volant :

- en hauteur

OUI ——— A

NON ——— B

- en profondeur

OUI ——— C

NON ——— D

Il est nécessaire que le conducteur soit installé en sécurité et puisse voir tout son tableau de bord et ce quels que soient sa taille et son gabarit.

28

L'étiquette énergie informe :

- de la consommation de carburant

OUI ——— A ☐

NON ——— B ☐

- des émissions en CO_2

OUI ——— C ☐

NON ——— D ☐

Les étiquettes énergie ont été mises en place pour inciter l'achat des véhicules peu polluants.

CODES ROUSSEAU

29

Je suis à bonne distance du camping car :

OUI — A ☐

NON — B ☐

Sur cette photo, je suis à environ 25 m du camping-car.

CODES ROUSSEAU

30

Le symbole permettant de localiser les témoins d'usure est identique sur tous les pneus :

OUI —— A ☐

NON —— B ☐

À connaître pour éviter tout désagrément.

31

Je surveille les piétons —— A ☐
Je surveille les cyclistes —— B ☐
Je klaxonne dès que possible —— C ☐
Je roule au pas —— D ☐

En agglomération, l'utilisation du klaxon est réservée aux cas de danger immédiat.

CODES ROUSSEAU

32

En cas d'aquaplaning :

- je freine ——— A ☐
- je lâche l'accélérateur ——— B ☐
- je maintiens la trajectoire ——— C ☐

L'aquaplaning survient lorsque le pneu n'arrive plus à évacuer l'eau présente sur la chaussée.

CODES ROUSSEAU

33

Le risque d'être impliqué dans un accident augmente lorsque je téléphone :

- en tenant l'appareil à la main

OUI ——— A ☐

NON ——— B ☐

- en utilisant le système intégré au véhicule

OUI ——— C ☐

NON ——— D ☐

Lors d'une conversation téléphonique, une partie de l'attention est dirigée vers par la conversation et le regard se fige.

34

Porter secours est plus efficace si je commence par :

- baliser et sécuriser les lieux —— A ☐
- appeler les secours —— B ☐
- évaluer l'état des victimes —— C ☐
- aider les victimes —— D ☐

Pour éviter un nouvel accident,
je dois protéger les lieux et me protéger.

35

Avec un véhicule équipé d'ABS, les distances d'arrêt sur sol sec sont fortement réduites :

OUI ———— A ☐

NON ———— B ☐

L'ABS évite le blocage des roues lors d'un fort freinage.

36

Je vais subir un appel d'air :

OUI — A ☐

NON — B ☐

Je tiens fermement le volant :

OUI — C ☐

NON — D ☐

Ce poids lourd, compte tenu de son gabarit et de sa vitesse, génère un important déplacement d'air.

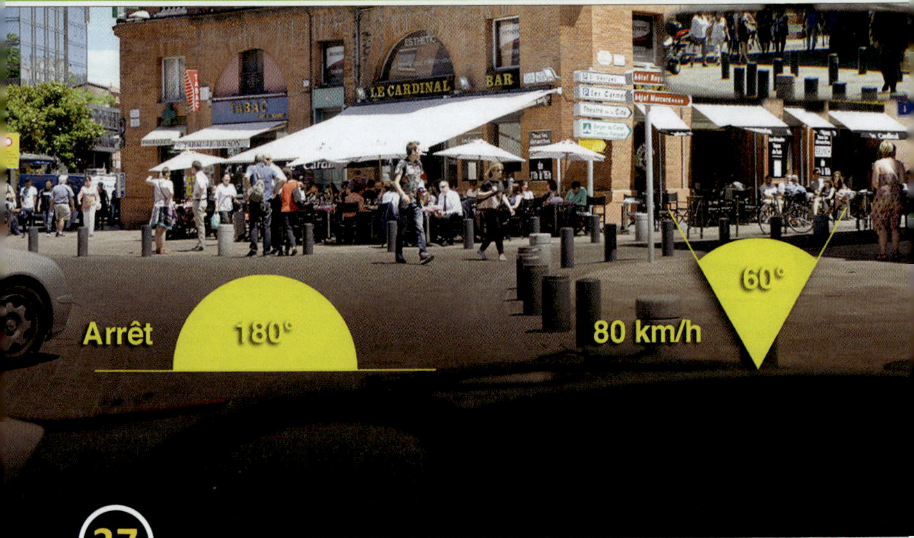

37

Le champs visuel d'un conducteur est d'environ :

- 180 degrés à l'arrêt

OUI ———— A ☐

NON ———— B ☐

- 60 degrés à 80 km/h

OUI ———— C ☐

NON ———— D ☐

Le cerveau ne peut pas traiter toutes les informations, il privilégie celles qui lui viennent en vision centrale.

38

Ce symbole aide à l'écoconduite :

OUI —— A ☐

NON —— B ☐

Je suis en sur-régime

OUI —— C ☐

NON —— D ☐

Ce symbole m'indique que je dois passer la vitesse inférieure.

39

Cette commande permet de régler :

- la hauteur des feux — A ☐
- la luminosité du tableau de bord — B ☐
- l'intensité des plafonniers — C ☐

Lors de la conduite de nuit, la luminosité du tableau de bord, peut être gênante.

CODES ROUSSEAU

40

La chaussée est particulièrement glissante quand la pluie :

- commence à tomber ———— A ☐
- tombe depuis longtemps ———— B ☐

La route est recouverte de fines particules d'huile, de carburant, de caoutchouc, etc.

SÉRIE 3

Grille de correction

Q	Th	R
1	C	BD
2	D	AC
3	L	A
4	U	A
5	C	AC
6	P	BC
7	S	BC
8	M	AC
9	C	ABC
10	L	AC
11	U	AC
12	D	BD
13	C	A
14	E	B
15	R	A
16	P	AC
17	C	AC
18	U	B
19	S	A
20	M	AC

Q	Th	R
21	C	B
22	R	B
23	L	C
24	U	C
25	C	B
26	D	B
27	P	AC
28	E	AC
29	C	B
30	M	B
31	U	ABD
32	R	BC
33	C	AC
34	A	A
35	S	B
36	L	AC
37	C	AC
38	E	AD
39	M	B
40	R	A

CODES ROUSSEAU

SÉRIE 4

1

Certains médicaments délivrés sans ordonnance ont des effets néfastes sur la conduite :

OUI — A ☐

NON — B ☐

Pour savoir, se référer à la présence d'un pictogramme et à la notice.

CODES ROUSSEAU

2

Pour être en règle, ce conducteur veille à laisser :

- la plaque lisible

OUI — A

NON — B

- les feux visibles

OUI — C

NON — D

Être vu et pouvoir être identifié.

CODES ROUSSEAU

3

Je dépasse :

OUI — A ☐

NON — B ☐

Pour dépasser, tenir compte de la signalisation et de l'environnement.

CODES ROUSSEAU

4

Dans cette zone de rencontre :

- tout type d'usager est autorisé à circuler

OUI —— A ☐

NON —— B ☐

- la vitesse est limitée à 20 km/h

OUI —— C ☐

NON —— D ☐

Dans les zones de rencontre,
les piétons sont prioritaires sur tous les véhicules.

CODES ROUSSEAU

5

Les effets du cannabis peuvent provoquer :

- une modification de la perception visuelle

OUI —— A

NON —— B

- une baisse de vigilance

OUI —— C

NON —— D

Le cannabis est un produit psychoactif c'est-à-dire qu'il s'agit d'une substance qui a une influence sur l'activité du cerveau.

CODES ROUSSEAU

6

Qu'il fasse jour ou nuit, l'installation au volant est identique :

OUI — A ☐

NON — B ☐

Nuit comme jour, l'installation au volant est essentielle.

7

En cas de freinage d'urgence, l'ABS agira :

- sur la voiture —— A
- sur la remorque —— B
- sur la voiture et la remorque —— C

L'équipement des remorques n'est pas le même que celui des véhicules automobiles.

CODES ROUSSEAU

8

Mes balais d'essuie-glace sont usés :

OUI — A ☐

NON — B ☐

S'ils laissent des traces visibles sur le pare-brise...

9

La conduite occasionne :

- une fatigue visuelle

OUI — A

NON — B

- une fatigue nerveuse

OUI — C

NON — D

Conduire est une activité complexe.

10

La vitesse est limitée à :

- 80 km/h —— A ☐
- 110 km/h —— B ☐

Le marquage au sol nous permet de savoir si nous sommes en sens unique ou en double sens.

CODES ROUSSEAU

11

Je dépasse le cycliste :

OUI — A ☐

NON — B ☐

Anticiper, c'est prévoir comment va évoluer la situation.

CODES ROUSSEAU

12

Opter pour la conduite supervisée après un échec à l'examen est possible à partir de :

- 16 ans —— A ☐
- 18 ans —— B ☐
- 20 ans —— C ☐

Différentes solutions pour acquérir de l'expérience quel que soit son âge.

CODES ROUSSEAU

13

En cas d'hypertension très élevée, je consulte un médecin agréé pour savoir si je suis autorisé à conduire :

OUI — A ☐

NON — B ☐

Avec cette pathologie, le risque de perte de connaissance est important.

CODES ROUSSEAU

14

La consommation de carburant dépend :

- des caractéristiques techniques du véhicule

OUI —— A ☐

NON —— B ☐

- du style de conduite adopté

OUI —— C ☐

NON —— D ☐

Faire certains choix c'est moins consommer et donc moins polluer.

CODES ROUSSEAU

15

VIDEO

Je freine immédiatement : OUI — A ☐

NON — B ☐

Adapter son freinage à la situation et à la signalisation.

CODES ROUSSEAU

16

Ce véhicule est prêt à partir :

OUI — A

NON — B

Imaginons ce qu'il risque de se passer lors d'un freinage…

CODES ROUSSEAU

17

Téléphoner en conduisant augmente :

- le temps de réaction ——— A ☐
- la vigilance ——— B ☐
- le risque d'accident ——— C ☐

Téléphoner en conduisant oblige le conducteur à partager son attention entre la circulation et la conversation téléphonique.

CODES ROUSSEAU

18

Je reste où je suis —— A ☐

ou

je continue d'avancer —— B ☐

Dois-je faire manœuvrer ce véhicule ?

19

En cas de choc, cette petite fille risque de graves blessures :

OUI —— A

NON —— B

À 50 km/h, le poids est multiplié par 10 ; un enfant de 30 kg représente une force de 300 kg.

CODES ROUSSEAU

20

J'appuie sur ce bouton :

- pour démarrer le véhicule

OUI — A ☐

NON — B ☐

- pour redémarrer à un feu rouge

OUI — C ☐

NON — D ☐

Certains véhicules ne nécessitent pas d'insérer une clé pour démarrer et s'arrêter.

21

La zone d'incertitude de ce piéton me concerne :

OUI — A

NON — B

Je place le pied au-dessus du frein :

OUI — C

NON — D

Les zones d'incertitude dépendent de la mobilité et de la rapidité des usagers.

22

Pour m'engager :

- j'accélère —— A
ou
- j'attends —— B

S'insérer c'est surveiller l'évolution de la situation vers l'avant et vers l'arrière.

CODES ROUSSEAU

23

Je continue le dépassement ———— A ☐

Je renonce au dépassement ———— B ☐

Je ne peux pas voir ni savoir ce que regarde le conducteur du véhicule situé sur ma gauche.

24

Je surveille plus particulièrement la zone :

A ☐

B ☐

Je place le pied devant le frein :

OUI ——— C ☐

NON ——— D ☐

Le bus, de par son gabarit, masque totalement la visibilité.

CODES ROUSSEAU

25

VIDEO

Je maintiens l'allure —— A

Je ralentis —— B

Je dépasse —— C

Les intervalles de sécurité sont insuffisants...
Alors, vous faites quoi ?

CODES ROUSSEAU

26

J'ai perdu un point, le délai d'attente pour le récupérer est de :

- 3 mois —— A
- 6 mois —— B
- 1 an —— C

...et seulement si je ne perds pas d'autres points durant ce laps de temps.

27

Avant de monter en voiture, je contrôle :

- l'aspect des pneus

OUI — A

NON — B

- l'absence d'obstacles autour du véhicule

OUI — C

NON — D

Cela prend très peu de temps et permet d'éviter les mauvaises surprises.

CODES ROUSSEAU

28

«Covoiturer» permet :

- d'utiliser un seul véhicule pour un trajet commun

OUI ——— A ☐

NON ——— B ☐

- de partager les frais de route

OUI ——— C ☐

NON ——— D ☐

C'est donc moins d'embouteillages, moins de pollution, plus de facilités pour stationner, etc.

CODES ROUSSEAU

29

Je dépasse :

OUI ——— A ☐
NON ——— B ☐

La signalisation doit l'autoriser et les circonstances (présence d'autres usagers par exemple) également.

CODES ROUSSEAU

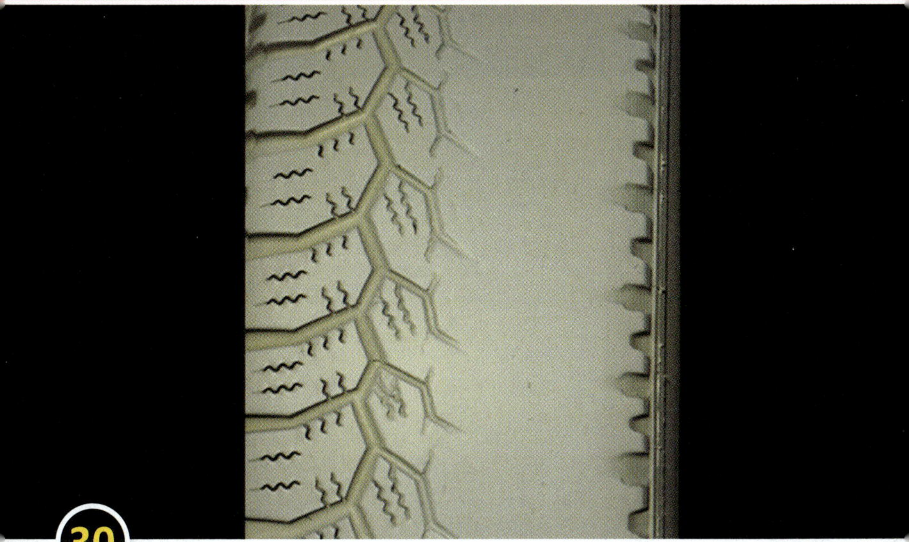

30

Une usure de ce type est due :

- à un gonflage trop important

OUI ——— A ☐

NON ——— B ☐

- à un défaut de parallélisme

OUI ——— C ☐

NON ——— D ☐

Le parallélisme est un réglage qui permet de placer les pneus bien à plat en roulant.

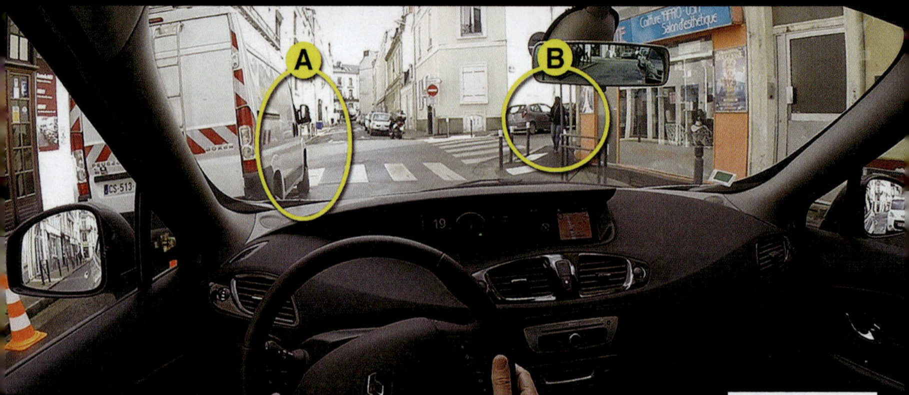

31

Je surveille particulièrement la zone :

- A ———— A ☐
- B ———— B ☐

Ne pas être optimiste : quand pas de visibilité, partir du principe qu'il y a un piéton.

CODES ROUSSEAU

32

Je reste en feux de croisement :

OUI — A ☐

NON — B ☐

Je regarde vers l'accotement droit :

OUI — C ☐

NON — D ☐

L'éblouissement rend difficile voire impossible la perception d'un piéton, d'un cycliste ou même d'une voiture peu éclairée.

CODES ROUSSEAU

33

Monter très fort le son de l'autoradio :

- parasite la prise d'informations — A ☐
- rend plus vigilant — B ☐
- perturbe l'attention — C ☐
- incite à rouler plus vite — D ☐

Tout comme à vélo ou à pied....

34

Pour vérifier que cette victime inconsciente respire :

- j'écoute son souffle

OUI —— A ☐

NON —— B ☐

- j'observe le mouvement de sa poitrine

OUI —— C ☐

NON —— D ☐

Si la victime ne respire pas, il faut rapidement alerter puis masser et défibriller.

CODES ROUSSEAU

35

Comme le système de surveillance d'angle mort n'indique rien, j'ouvre la portière sans précautions supplémentaires :

OUI —— A ☐

NON —— B ☐

Une aide à la conduite ne remplace pas le conducteur.

CODES ROUSSEAU

36

La force centrifuge entraîne le véhicule :

- vers l'intérieur du virage (A) ———— A ☐
- vers l'extérieur du virage (B) ———— B ☐

La force centrifuge est une résistance au changement de direction.

CODES ROUSSEAU

37

À 70 km/h la distance de sécurité est :

- suffisante ——— A ☐
- insuffisante ——— B ☐

2 traits + 2 intervalles de la bande d'arrêt d'urgence = 104 m.

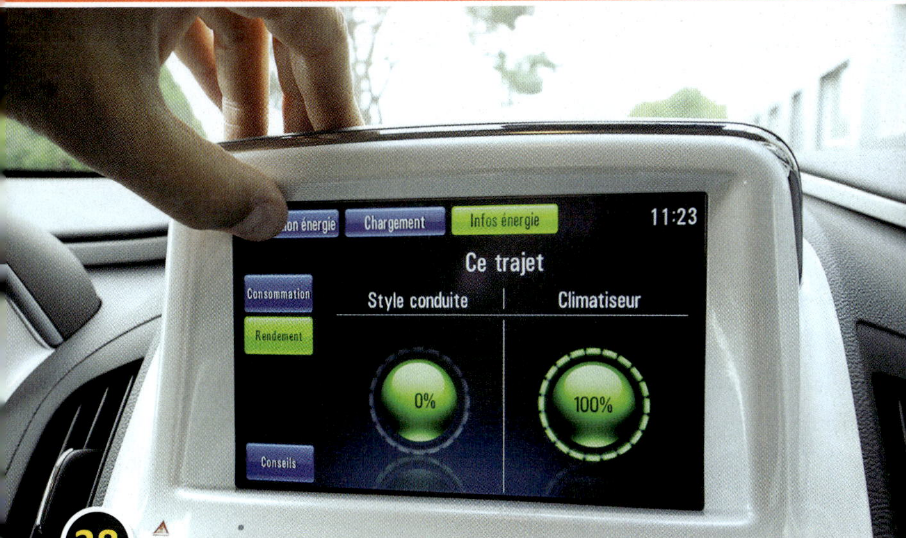

38

L'ordinateur de bord permet de vérifier que j'ai une conduite économique :

OUI —— A ☐
NON —— B ☐

L'ordinateur de bord donne des informations telles que la consommation instantanée ou le sous gonflage d'un pneu.

CODES ROUSSEAU

39

Le 1er Contrôle Technique d'une voiture neuve a lieu avant :

- la fin de la deuxème année —— A ☐
- la fin de la quatrième année —— B ☐

La visite technique est renouvelée :

- tous les 2 ans —— C ☐
- tous les 3 ans —— D ☐

Les contrôles techniques ont pour but d'informer le conducteur sur l'état de son véhicule et d'éviter la circulation de véhicules dont l'état ne garantit pas la sécurité.

CODES ROUSSEAU

40

Je garde au moins 50 m de distance de sécurité :

- si je roule à 70 km/h

OUI ——— A ☐

NON ——— B ☐

- si je roule à 50 km/h

OUI ——— C ☐

NON ——— D ☐

Chacun des panneaux d'interdiction se lit séparément.

CODES ROUSSEAU

SÉRIE 4

Grille de correction

Q	Th	R
1	C	A
2	D	AC
3	L	B
4	U	AC
5	C	AC
6	P	A
7	S	A
8	M	A
9	C	AC
10	L	A
11	U	B
12	D	B
13	C	A
14	E	AC
15	R	B
16	P	B
17	C	AC
18	U	A
19	S	A
20	M	AD

Q	Th	R
21	C	AC
22	R	A
23	L	B
24	U	AC
25	C	B
26	D	B
27	P	AC
28	E	AC
29	C	B
30	M	BC
31	U	A
32	R	AC
33	C	ACD
34	A	AC
35	S	B
36	L	B
37	C	A
38	E	A
39	M	BC
40	R	AC

CODES ROUSSEAU

Le libellé de certains textes officiels peut parfois prêter à des interprétations différentes. Les textes de cet ouvrage ont été rédigés en fonction d'informations émanant des autorités compétentes; ils ne sauraient préjuger de l'appréciation souveraine des tribunaux.

Votre avis nous intéresse. Nous vous remercions à l'avance de nous faire parvenir vos suggestions: conception@codes-rousseau.fr

Photos intérieur: J. Boulissière/Codes Rousseau

Éditeur : Codes ROUSSEAU
135 rue des Plesses - 85180 Les Sables d'Olonne
ISBN 978-2-7095-1532-0 - Dépôt légal n° 3240 - Imprimé en France.